黎明ポケットシリーズ②

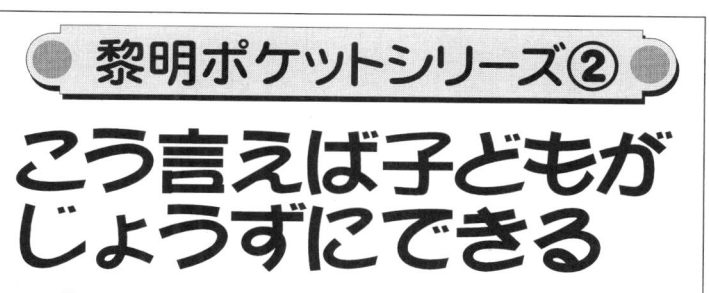

こう言えば子どもがじょうずにできる魔法のことば40

斎藤道雄著

黎明書房

はじめに
―本当に大切なことを考えることば

　この本のテーマは，"ことば"です。
　プロ野球チーム，楽天の野村監督は，「我々の仕事はことばだ」と言っています。また，モデルの押切もえさんは，「最後の味方は，いつも人と"ことば"だった」と本に書いています。このように，ことばには人を動かす力があります。その，"ことば"がテーマです。

　本書の内容は，大きく2つに分かれます。
　ひとつは，「子どもを成功に導くことばのかけ方」と「子どものからだが自然に動くことば」。
　もうひとつは，「子どもが本当に大切なことを考えることばのかけ方」と「子どもが正しく考えることば」です。

　前者は，子どもが何かにトライするときに，そのこと

ばを使うことで成功する確率がより高くなることばがけです。

　たとえば、子どもがでんぐり返し（前転）をするときに、「手をついて回って」と言うよりも、「手をついて、おへそを見ながら回って」と言ったほうが、よりじょうずに回転することができます。このように、同じことをするにしても、おとなが使うことばが、その結果に大きな影響を与えるのです。

　後者は、子どもに、ルールやマナーを頭から押しつけるのではなく、なぜそうすることがよいのか、本当の意味を考えさせることばがけです。
　ルールやマナーだからという理由で守るように教えてしまうと、自分でその本当の意味を考えなくなります。

　たとえば、あいさつをすることの大切さを教えるとします。もしも、そのときに「なぜ、あいさつをすることは大切なの？」と、子どもに聞かれたら、おとなはどう答えるでしょうか。
　ぼくは、いろんなおとなの人に、同じ質問をしてみました。すると、マナーだから、常識だから、コミュニケ

ーションが大切だから…。納得のできる答えはひとつもありませんでした。

　子どもに教えるには，まず自分がきちんと納得できていなければ，説明できるはずがありません。そこで，自分でも，あいさつは本当に大切なことなのだろうか？　なぜ，あいさつをするのだろうか？　と考えてみました。その結果たどりついた答えは……

「気持ちがよいからあいさつをする」これしかなかったのです。だったら，子どもにあいさつを教えるとき，「あいさつをするのは大切だから」ではなく，「あいさつをすると気持ちがよい（または，あいさつをしないと気持ちがよくない）」ということを子ども自身に感じさせることが大切だと思います。それが，「子どもが本当に大切なことを考えることばのかけ方」，「子どもが正しく考えることば」，でお話しする内容です。

　この本が，本当に大切なことを考えるヒントになれば，とてもうれしく思います。

　　平成21年3月

　　　　　　　　　　　　　　　　　　　　　　斎藤道雄

もくじ

はじめに―本当に大切なことを考えることば　1

子どもを成功に導くことばのかけ方

1　「○○しないようにしましょう」と言うよりも,「○○するようにしましょう」と言うと,話が聞きやすくなる。　10

2　あいさつをするときは「おじぎをしましょう」と言うよりも,「手をひざについて,おへそをのぞいてみましょう」と言うと,ていねいにできる。　12

3　スキップを教えるときは「ピョンピョン」と言うよりも,「ピョンコピョンコ」とリズムをとってあげるとよい。　14

4　腕を伸ばすときは「腕を伸ばしましょう」と言うよりも,「手で押すようにしましょう」と言うと,腕がよく伸びる。　16

5　整列するときは「背の順に並びましょう」と言うよりも,「来た人から順番にどんどん並びましょう」と言うと,素早く並ぶことができる。　18

6　気をつけをするときは「フラフラしないように」と言うよりも,「おへそに力を入れてみましょう」と言うと

よい。　20

7　「転ばないように気をつけましょう」と言うよりも，「転んでも泣かないようにしましょう」と言うと，鬼ごっこがじょうずにできる。　22

8　「ひざを曲げましょう」と言うよりも，「おしりをかかとにつけましょう」と言うと，ひざがよく曲がる。　24

9　「丸くなりましょう」と言うよりも，「手をつないで丸くなりましょう」と言うと，じょうずに円形を作ることができる。　26

10　整列をするときは「前ーならえ」をするよりも，「トントンま～え」を繰り返して行うと，うまく間隔をあけて並ぶことができる。　28

コラム　今も昔も変わらない本当のかっこよさ　30

子どもが本当に大切なことを考えることばのかけ方

11　「感謝していただきましょう」と教えるよりも，「ことばの意味」を教えると，感謝する気持ちにつながる。　32

12　「たくさん食べましょう」と言うよりも，「よく噛んでゆっくりと味わって食べましょう」と言うほうが，現代の日本の子どもには向いている。　34

13 「おとなが決めたこと」をさせるよりも,「おとなと子どもで決めたこと」をすると,子どもの自主性が伸びる。 36

14 「順番を守りましょう」と教えるよりも,「順番を守らなければどうなるのか」を考えさせると,他人に迷惑をかけることがわかる。 38

15 「危ないからやめましょう」と注意するよりも,「なぜ危ないのか?」を考えさせると,けがの防止につながる。 40

16 「失敗した人を笑わない」ようにすると,「子どもは意欲を失わない」。 42

17 「大きな声を出しましょう」と言うよりも,「口(くち)を大きくあけましょう」と言うと,大きな声を出し続けることができる。 44

18 「顔を見て話を聞きましょう」と注意するよりも,「話す人の気持ち」を伝えると,相手の気持ちがわかる。 46

19 「テレビのまねをしてはいけない」と注意するよりも,「そうすることで嫌な思いをしている人がいるかもしれない」ことを考えさせる。 48

20 「運動がじょうずにできた子どもをほめる」ように,「当たり前のことができた子どもをほめる」と,当たり前のことが身につく。 50

コラム 子どもは力ではなく心で動かす　52

子どもが正しく考えることば

21　友達には,"おはよう"　おとなの人には,"おはようございます"（ていねいなあいさつを教えるためのことば）　54

22　あいさつは,小さなプレゼント（自分からあいさつすることを教えることば）　56

23　自分の口(くち)でしょ（口を閉じて静かにすることを考えさせることば）　58

24　無理,できない,つかれた（好ましくないことば）　60

25　おはなし,きいてあげて（自分で考えるきっかけを作ることば）　62

26　どちらの勝ちだと思う？（ゲームをもっと楽しくすることば）　64

27　外でたくさん遊びましょう（子どもが健やかに成長するためのことば）　66

28　戻ってくるまで,待ってるからね（子どもが自分で考えて決めることば）　68

29　あわてないでね（よい結果を生むことば）　70

30　はい,おしまい（意欲を引き出すことば）　72

コラム	よい子どもを育てることは，よいおとなにしかできない　74

子どものからだが自然に動くことば

31　50歩で戻っておいで（危険を防止することば）　76

32　バラバラ一列，あか・しろ一列（子どもを素早く整列させることば）　78

33　遠くへ逃げる（ドッヂボールがうまくなることば）　80

34　大きなたまごがパチンと割れて（鬼ごっこが楽しくなることば）　82

35　チャチャチャ，オー！（元気が出ることば）　84

36　ドリルでグリグリ（足首をうまく動かすためのことば）　86

37　おへそを見ながら（前転がうまくなることば）　88

38　どんどん回して（なわとびがうまくなることば）　90

39　手で後ろに押すように（とび箱がうまく跳べるようになることば）　92

40　下に置いてやってごらん（なわとびを簡単に結ぶことを教えることば）　94

おわりに―神秘のことばに「ありがとうございました」　96

子どもを
成功に導く
ことばのかけ方

手をつないで
丸くなって！

1

「○○しないようにしましょう」と言うよりも,「○○するようにしましょう」と言うと,話が聞きやすくなる。

　体操教室で, 子どもにルールを説明するときには, できるだけ, 否定的なことばを避けて, 肯定的なことばを使うようにしています。たとえば,

　「丸の外に逃げてはいけません」は, 「丸のなかでやりましょう」となります。

　前者は, 「こうするといけない」と言っているのに対して, 後者は, 「こうするとよい」と言っています。どちらも同じ意味ですが, ことばを受けとる側の印象が違ってきます。ぼくのこれまでの経験では, 前者の「こうするといけない」パターンを使うおとな（先生）が多いような気がします。

　ただし, どちらがよいとか, 悪いとかの問題ではなく,

両方ともありで，ときと場合によって使い分けたらよいと思います。

　たとえば，ふだん普通に話をするときには，肯定的な話し方を，いけないことを（危険なときなど）強調したいときには，否定的な話し方をする。

　いつも優しい先生がたまに怒るから怖いように，いつもは肯定的に話すからこそ，否定的に話したことがより強調されます。

2 あいさつをするときは「おじぎをしましょう」と言うよりも,「手をひざについて,おへそをのぞいてみましょう」と言うと,ていねいにできる。

　体操教室を始める前に,子どもたちは「よろしくお願いします」とおじぎをします。でも,ぼくは,ただ頭を下げさえすればそれでよいものだとは思いません。

　なぜなら,人にものを頼むときに,礼儀正しければ,頼まれるほうも,気持ちよく引き受けることができるからです。反対にそうでなければ,あまりよい気持ちはしないでしょう。

　このように,礼儀正しくふるまうことは,相手の気持ちを思いやることにもつながります。

　だから,あいさつをするときのおじぎのしかたも,ゆっくりとていねいにするように教えます。

　ていねいなあいさつのしかたのポイントは次の3つで

す。

①両手をひざについて、②おへそをのぞくように、③頭をゆっくりと下げる。

こうすると、見ている人によい印象を与えることができます。

もうひとつポイントをあげるとすれば、身近にいるおとなが、子どものよいお手本になることだと思います。

子どもを成功に導くことばのかけ方

3

スキップを教えるときは「ピョンピョン」と言うよりも,「ピョンコピョンコ」とリズムをとってあげるとよい。

これは,ある幼稚園の話です。

2歳児クラスの担任の先生は,じょうずにスキップができない子どもに,「ピョンコピョンコ」と言って,リズムをとってあげていました。なぜ,「ピョンピョン」ではいけないのだろうと思い,あとで尋ねてみると,「ピョンピョン」と言うと,両足でピョンピョンはねるイメージが強くなってしまう,ということでした。言われてみれば,ピョンピョンは,スキップをするというよりも,両足でジャンプしてしまいそうです。

さらに,このことばのすごいところがもうひとつあります。それは,実際にスキップのリズムを手拍子でやってみると,「タン・タ・タン」となります。これに「ピ

ョン」を足して2で割ったようなことばを考えてみると、「ピョンコピョンコ」は、まさにピッタリです。

　聞いてしまえば、何ともないことばでも、よく考えてみるととても深い意味があります。この先生が考えた「ピョンコピョンコ」は、子どもにあわせて考えられた、しかも、きちんと理にかなった、とても素晴らしいことばなのです。

> # 4
> 腕を伸ばすときは「腕を伸ばしましょう」と言うよりも,「手で押すようにしましょう」と言うと,腕がよく伸びる。

　鉄棒の種目のひとつに,「ツバメ」というワザがあります。ツバメのやり方は,①両手で鉄棒を上から握って,②鉄棒にとびついたあとに,③ひじを伸ばしてからだを支えます。そして,胸を張ってそのままの姿勢を維持します。これがツバメです。その姿勢は,ちょうど,ツバメのかっこうに似ています。

　子どもたちにツバメをさせると,初めは,腕が曲がってしまう子どもがいます。そういうときには,「腕を伸ばして」と言うよりも,「鉄棒を（下に）押して」と言うと,ひじがよく伸びて,結果的に腕がよく伸びるようになります。

この「押す」という表現は、体操だけでなく保育の場面でも使うことができます。

ある幼稚園では、先生が子どもにポンポンをさせるときに、「グーではんこを押すようにしましょう」と教えています。そうすることで、腕がよく伸びて、ポンポンの見栄えがよくなります。

また、あるヨガ教室でも、「手で天井を押し上げるようにしてみましょう」と教えていました。

このことからも「手で押す」ように意識すると、腕がよく伸びることがわかります。

5 整列するときは「背の順に並びましょう」と言うよりも,「来た人から順番にどんどん並びましょう」と言うと,素早く並ぶことができる。

　ある幼稚園では,整列するときに,必ず背の順に並びます。時間に余裕があるときはよいのですが,急いでいるときには,決められたとおりに並ばなければいけない分,時間がかかります。

　あまり時間に余裕がないときには,背の順のように,決められたととおりに並ぶよりも,順番を決めずに,先に来た人からどんどん並ばせたほうが早く並ぶことができます。

　よっぽど,背の順に並ぶことが習慣化していない限り,決められた順番のとおりに,しかも,素早く並ぶということは,子どもにとっては難しいものです。

　大切なことは,背の順に並ぶことよりも,背の順に並

ぶ必要があるかどうか，ということです。

　たとえば，順番を待つのに背の順に並ぶ必要はありません。また，準備体操をするときにも，その必要はありません。もしかしたら，おとなが背の順に並ばせる目的は，整って見える（見栄えがよい）からかもしれません。だとしたら，そこには，おとなだけの自己満足もあるのではないでしょうか。

6 気をつけをするときは「フラフラしないように」と言うよりも,「おへそに力を入れてみましょう」と言うとよい。

　体操教室の始めには,必ず,「よろしくお願いします」と,あいさつをします。これを,おじぎをしながら,ゆっくりとていねいにするようにしています(ていねいなあいさつのしかたは,12ページ参照)。

　おじぎをする前には,必ず一度,気をつけの姿勢をします。言い換えると,ほんの1秒か2秒の間,静止するということです。でも,なかには,このじっと静止することが,なかなかできない子どももいます。

　そんな子どもには,「フラフラしないで」と言うよりも,「おへそに力を入れてごらん」と言います。正確に言うと「丹田」に力を入れます。丹田とは,おへその3センチぐらい下の場所で,からだの中心と言われている

場所です。これは，武道などでよく使われることばです。ここを意識することで，よい姿勢になります。

　子どもには，しないように注意するよりも，することで結果として自然にしなくなるようなことばがけを考えたいものです。

> フラフラしないで

> おへそに力を入れて

7 「転ばないように気をつけましょう」と言うよりも，「転んでも泣かないようにしましょう」と言うと，鬼ごっこがじょうずにできる。

　体操教室のなかで，ぼくは，よく鬼ごっこをします。そのわけは，①たくさんからだを動かすことができるから，②そうすることで終わったあと，落ち着いて話を聞くことができるから，③集中力と判断力を養うことができるから，です。

　鬼ごっこをするときに，ぼくが，必ず子どもたちと約束することがあります。それは，「転んでも絶対に泣かない」ことです。ぼくが「転んでも！」と言うと，子どもたちは「絶対に，泣かない！」と全員で声をそろえて言います。そうすることで，転んで泣く子どもの数が確実に減ります。

　泣く子どもが少ないと，よいムードが持続します。ま

た，その場の士気も高まります。よって，鬼ごっこをとてもよい雰囲気のなかですることができます。

　子どもには，転ばないようにしましょうと注意をうながすよりも，むしろ，転ぶことを経験させるほうがよいと思います。転ばないように気をつけるのではなく，もしも，転んだらまた立ち上がればよい，そんなメッセージを，子どもに伝えるためにも。

8 「ひざを曲げましょう」と言うよりも,「おしりをかかとにつけましょう」と言うと,ひざがよく曲がる。

　体操教室では,始めに準備運動をします。準備運動をする目的のひとつは,からだをほぐすことです。そうすることで,からだがよく動くようになります。からだがよく動けば,けがの予防にもつながります。だから,運動を始める前に,準備運動をしてからだをほぐすことは,とても大切なことなのです。

　ご存知のとおり,スポーツ選手は,大切なからだをけがから守るために,念入りに準備運動をしています。

　子どもが,屈伸をするときには,「ひざを曲げて」と言うよりも,「おしりをかかとにつけて」と言ったほうが,ひざがよく曲がります。準備運動は,からだをほぐすことが目的ですから,しっかりと曲げたほうが（でき

るだけ大きく動かしたほうが)，より効果的です。

　同じ準備運動をするなら，より効果のあるやり方をしたいものです。それは，特に難しいことではありません。ほんのちょっと，おとながことばがけを変えるだけでよいのです。

子どもを成功に導くことばのかけ方

（ひざを曲げて）

（おしりをかかとにつけて）

9

> 「丸くなりましょう」と言うよりも，「手をつないで丸くなりましょう」と言うと，じょうずに円形を作ることができる。

　ある体操の先生が，5歳の子どもたちにむかって「丸くなりましょう」と指示を出したところ，その子どもたちは，うまく円形になることができずに，凸凹な円形になってしまいました。

　このように，これぐらいの時期の子どもたちは，まだ，自分たちだけでは，うまく隊型を作ることができません。こういうときには，おとなが「手をつないで丸くなりましょう」と言うとよいでしょう。そうすることで，自然に円形になり，しかも，となりの人との間隔がうまくとれるようになります。

　じょうずに円形を作るコツは，次のとおりです。
　①手をつないで丸くなる。

②静かに広がる(つないでいる手を引っ張るのではなく，ゆっくり下がる)。
③その場に座る(円形ができたら，固定する)。

ちなみに，手をつないだあとに，(かごめかごめをするときのように)回るという先生もいるようです。そうすることで，よりきれいな円の形を作ることができます。

子どもを成功に導くことばのかけ方

10 整列をするときは「前ーならえ」をするよりも,「トントンま〜え」を繰り返して行うと,うまく間隔をあけて並ぶことができる。

　子どもたちが一列に並ぶときに,前の人との間隔をうまくあけられない子どもを多く見かけることがあります。これには,理由があります。

　実は,5,6歳ぐらいまでの子どもたちは,自分で適当な間隔をうまくとることができません。よく運動会などで,円の隊型になっても,間隔が広すぎたり,狭すぎたりするのを見かけることがありますが,これも,そのことが原因のひとつです。

　子どもたちが,じょうずに間隔をあけて並ぶようにするには,「トントンま〜え」を何度も繰り返すとよいでしょう。

　「トントンま〜え」とは,2回手をたたいて両手を前

に出すやり方です。これを何度も繰り返しているうちに，自然に前の人との間隔がじょうずにとれるようになります。そのときに「前の人に手がぶつかったら，後ろにさがる」ことを約束しておくとよいでしょう。

　ちなみに，このやり方は，手を動かすだけでなく，口も動かすことで，自然にリズム感覚も身につきます。さらに，口を動かしている分，子どものおしゃべりも少なくなります。

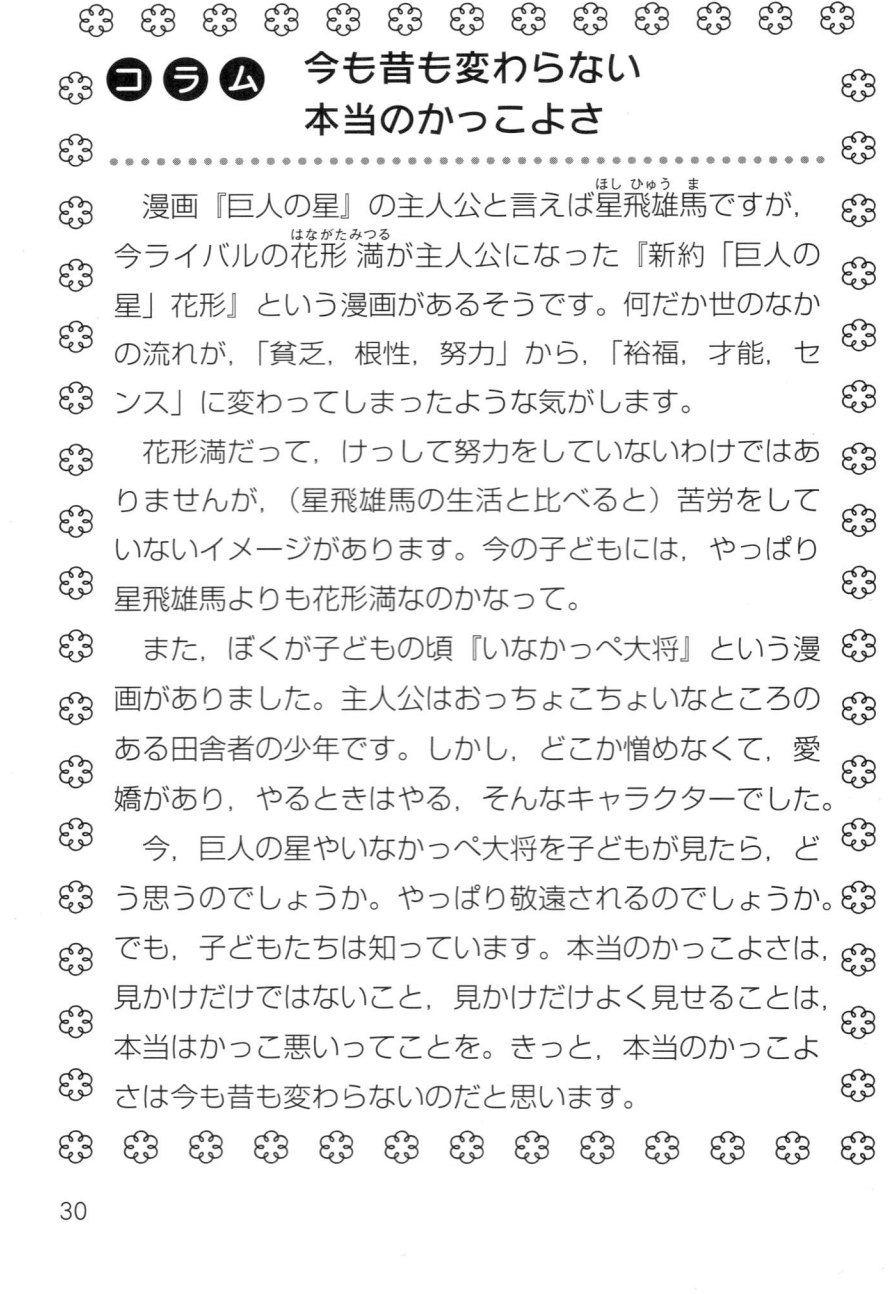

コラム 今も昔も変わらない本当のかっこよさ

　漫画『巨人の星』の主人公と言えば星飛雄馬ですが，今ライバルの花形 満が主人公になった『新約「巨人の星」花形』という漫画があるそうです。何だか世のなかの流れが，「貧乏，根性，努力」から，「裕福，才能，センス」に変わってしまったような気がします。

　花形満だって，けっして努力をしていないわけではありませんが，（星飛雄馬の生活と比べると）苦労をしていないイメージがあります。今の子どもには，やっぱり星飛雄馬よりも花形満なのかなって。

　また，ぼくが子どもの頃『いなかっぺ大将』という漫画がありました。主人公はおっちょこちょいなところのある田舎者の少年です。しかし，どこか憎めなくて，愛嬌があり，やるときはやる，そんなキャラクターでした。

　今，巨人の星やいなかっぺ大将を子どもが見たら，どう思うのでしょうか。やっぱり敬遠されるのでしょうか。でも，子どもたちは知っています。本当のかっこよさは，見かけだけではないこと，見かけだけよく見せることは，本当はかっこ悪いってことを。きっと，本当のかっこよさは今も昔も変わらないのだと思います。

子どもが本当に
大切なことを考える
ことばのかけ方

もしも
…だったら?

どうしてだと
思う?

11

「感謝していただきましょう」と教えるよりも,「ことばの意味」を教えると,感謝する気持ちにつながる。

　女優の大場久美子さんは,お父さんに,「くつは足を守るためのもの」だと教えられて,「くつは大切に履かなければいけない。だから,かかとをふんだりしてはいけない」と思ったそうです。

　お父さんが「くつのかかとをふんではいけません」と注意したのではなく,「くつは足を守るためのもの」と教えたことが,くつを大切にする気持ちにつながったのです。

　「感謝していただきましょう」にも,同じことが言えます。つまり,「いただきます」のもともとの「ことばの意味」を教えれば,感謝する気持ちにつながるということです。

「いただきます」の意味を調べると，①食事と食材を作った人への感謝の意を表す，②もともとは，人間が生きるために，生き物の命をもらって食べることの感謝を表す，とあります。

　ぼくたちが，習慣として行っている行動のなかには，そのもともとの意味を知らずに，行動だけをしていることがあるのではないでしょうか。しかし，そのもともとの意味を知ることが，本来の意味のある行動につながるのだと思います。

子どもが本当に大切なことを考えることばのかけ方

12 「たくさん食べましょう」と言うよりも,「よく噛んでゆっくりと味わって食べましょう」と言うほうが,現代の日本の子どもには向いている。

　子どもに,おなか一杯ごはんを食べて欲しい,たくさん食べて大きくなってほしい,と願っている保護者の方も多くいらっしゃると思います。ぼくが思うには,現代の日本の子どもたちには,「たくさん食べましょう」と言うよりも,「よく噛んでゆっくりと味わって食べましょう」と教えるほうがよいと思います。

　あるお医者さんは,よく噛んで食べれば病気をしなくなる,と話しています。なぜなら,よく噛むことで,消化がよくなります。そうすれば,消化器官に余計な負担がかかりません。つまり,よく噛むことは,からだにやさしい（健康によい）ということです。
　また,あるデータによると,食事をするときの現代人

の噛む回数は、戦前の約半分、弥生時代のなんと約6分の1までに減っているそうです。これは、食べ物がハンバーグやスパゲッティなど、あまり噛む必要のない食べ物に変わったことが原因だと指摘されています。

　子どもが、ごはんをたくさん食べることがいけないのではありません。昔と今では、食べ物が変わっています。あまり噛む必要のない食べ物に変わった今だからこそ、よく噛んで食べる必要があるのだと思います。

13

「おとなが決めたこと」をさせるよりも,「おとなと子どもで決めたこと」をすると,子どもの自主性が伸びる。

ぼくが講師をしているある保育園の年長組さんは,運動会で組体操を発表します。その練習が始まる前に,ぼくは,担任の先生方に次のようなお願いをします。

「初めに,子どもたちに,組体操をやるかどうかを確認してください。ただし,ときには辛いことや苦しいこともあるかもしれない。それでも,本当にやるのかどうかを,子どもたちと話して決めてください。」

このように話しておけば,子どもたちに,ある程度「覚悟」させておくことができます。覚悟とは「少々の辛いことに対する心の準備をすること」です。

少なくとも,組体操は楽しいことばかりではありません。だから「組体操は楽しいからやってみようよ」なん

てことは、ぼくにはとても言えません。

　「あらかじめ他人に決められたこと」をするよりも、「他人と自分で決めたこと」をするほうが、たとえ辛くても、きっとがんばれると思います。
　子どもも同じだと思います。「おとなだけが決めたこと」をするよりも「おとなと子どもで一緒に決めたこと」をするほうが、きっとがんばれるのだと思います。

14 「順番を守りましょう」と教えるよりも,「順番を守らなければどうなるのか」を考えさせると,他人に迷惑をかけることがわかる。

　ぼくは,体操教室で5歳の子どもたちに,「なぜ,順番を守って並ばなければいけないのでしょう?」と質問したことがあります。当たり前の質問に困惑しながらも,「あとから来たから?」と誰かが答えました。ぼくは「なぜ,あとから来たら後ろなの?」と聞き返すと,もうそれ以上は誰も答えられませんでした。

　なぜ,子どもたちはぼくの質問に答えることができなかったのでしょうか。それは,おとなが,順番を守る方法だけを教えて,順番を守る意味を教えないからです。

　では,順番を守る意味とは何でしょうか。

　もしも,あなたが並んでいるところに,誰かが割り込んできたらあなたはどう思うでしょうか。きっと不快な

気持ちになるでしょう。

　これを言い換えると、順番を守らなければ、他人に迷惑がかかるということです。順番を守りましょうと教えるだけでは、他人に迷惑がかかることがわかりません。だから、子どもたちは、順番を守る意味を答えられないのです。

　マナーを守れない人が増えていると言われています。それは、「マナーを守りましょう」とだけ教えるおとなにも責任があるのではないでしょうか。

15

「危ないからやめましょう」と注意するよりも，「なぜ危ないのか？」を考えさせると，けがの防止につながる。

　よく，おとなは子どもに「危ないからやめなさい」と注意します。子どもをけがから守るためのことばだと思いますが，実は，本当に大切なことが欠けています。それは，子どもが自分で危険を想像していないことです。

　たとえば，鬼ごっこをするときに，「ジャングルジムには逃げてはいけません」と注意するとします。そうすれば子どもは，一応，おとなに言われたとおりにします。しかし，あくまでもおとなに言われたからそうするのであって，その本当の理由を考えていません。本当の理由は，なぜやめたほうがよいのかを，考えてみるとわかります。

だから、そういうときは、こう問いかけます。「さあ、これから鬼ごっこをしよう。でもね、逃げたらいけないところがあります。それはどこでしょう？」「ジャングルジム！」「なぜ、ジャングルジムには逃げちゃいけないの？」「だって、落ちちゃうかもしれないから。」

　こうすることで、〈ジャングルジムに逃げる〉→〈落ちるかもしれない〉→〈ジャングルジムに逃げたら危ない〉→〈だから、逃げてはいけない〉と、本当の理由に気づくことができるのです。

16

「失敗した人を笑わない」ようにすると,「子どもは意欲を失わない」。

　ぼくは,体操教室で,「失敗した人を笑わないようにしましょう」と教えています。なぜなら,せっかくがんばろうと思っても,失敗したら笑われると思うと,消極的になってしまうからです。ある保育園で,なわとびを教えていたときのことでした。

　ひとりの女の子に,見本としてなわを跳んでもらいました。でも,その子は,何度かなわに引っ掛かってしまいました。すると,子どもたちは「なあんだ。できないじゃーん」と言って,ゲラゲラ笑い出しました。

　こういう場面を,おとなが黙って見過ごしてしまうと,子どもは「失敗したら笑われる」と思うようになります。

その思いは,子どもの意欲にブレーキをかけてしまいます。

　おとなの会議で,「積極的に意見を言ってください」とだけ言われるのと,「他人の意見は否定せずに,まず自分の意見だけをどんどん言ってください」と,前置きをされるのでは,後者のほうが積極的に意見を言いやすくなります。子どももこれと同じです。

　意欲を持たせることと同じように,子どもの意欲を失わせない思いやりが大切です。

17 「大きな声を出しましょう」と言うよりも，「口を大きくあけましょう」と言うと，大きな声を出し続けることができる。

　体操教室では，準備体操をするときに，子どもたちが号令をかけます。この号令をかけるときに，子どもたちの声が小さくなると，「もっと大きな声で」と言うことがあります。でも，そう言うと，注意したそのときだけは大きな声になるのですが，またすぐに，小さな声になってしまいます。

　なぜなら「大きな声を出して」と言うと，子どもは「怒鳴り声」を出そうとするからです。怒鳴るから長く続きません。よく大声コンテストを見ていても，短いセリフは言えても，長いセリフを言える人はなかなか見かけません。それと同じことです。

　子どもたちが，大きな声をある程度出し続けるには，

「大きな声を出して」と言うよりも、「口を大きくあけて」と言います。そうすることで、怒鳴らないで、ある程度の間、持続して大きな声を出すことができます。

　あるボイストレーニングの先生も、はっきりとした声を出すには、口を大きく開くとよい、と言っています。

　このように、「口を大きくあける」ということは、体操の号令だけでなく、歌を歌うときや、はっきりと話すときにも、よい効果があるようです。

18

「顔を見て話を聞きましょう」と注意するよりも,「話す人の気持ち」を伝えると,相手の気持ちがわかる。

　よく,おとなは子どもに「話をしている人の顔をきちんと見て話を聞きましょう」と言います。子どもの頃,ぼくにはこのことがよく理解できませんでした。なぜなら,顔を見なくても話が理解できると思っていたからです。理解できるのに,なぜいけないんだろう,と。

　ところが,体操の先生になってから,よそ見をして話を聞いている子どものことが,とても気になるようになりました。話を聞く側にいるときは気にならなかったのに,話をする側になるととても気になることに気づきました。なぜ顔が見えないことが気になるのでしょうか？
　きっと,それは顔が見えないことへの心配,不安,いらだちもあるのではないでしょうか。こちらが真剣に話

しているのに，相手がずっと携帯電話を見ながら話を聞いているときの気持ちと同じことだと思います。

　もし，そうだとすれば，いけないからやめなさい，と言うのではなく，自分の気持ちをきちんと相手に伝えて，「やめてほしい」と，言い換えることもできるはずです。おとなが自分の気持ちを伝えることで，子どもは人の気持ちを知るようになります。人の気持ちを知ることが，思いやりにつながるのではないでしょうか。

話をしている人の顔を見て話を聞きなさい

話しているときに、○○ちゃんの顔が見えないと悲しいな

19 「テレビのまねをしてはいけない」と注意するよりも,「そうすることで嫌な思いをしている人がいるかもしれない」ことを考えさせる。

　以前,「笑っていいとも」というテレビ番組で,こんなことがありました。ある出演者がゲストの姓名判断の先生にむかって,「じじー」と呼びました。すると,会場のお客さんもおもしろがって,その先生にむかって「じじー,じじー」と呼び始めたのです。

　それを聞いた司会のタモリさんは,こんなふうに言いました。「出演者が言うのはいいけれど,あなたたちは言ってはいけないよ。」まさに,そのとおりなのです。

　こういう番組は,見ている人がおもしろいと思うように演出をします。そのために,人を中傷することがあります。わかりやすく言うと,人を傷つけておもしろくしようとします。このことを,番組の演出だときちんと区

別できずにいると、先の話のように、お客さんが、おもしろがって出演者のまねをすることになります。たとえ、お客さんはおもしろくても、姓名判断の先生は嫌な思いをしているかもしれませんね。

　視聴者がテレビのまねをするのもこれと同じことです。たとえまねをする側はおもしろくても、嫌な思いをしている人がいるかもしれないということです。

20 「運動がじょうずにできた子どもをほめる」ように，「当たり前のことができた子どもをほめる」と，当たり前のことが身につく。

　体操教室では，運動の技術を教えることが教室の目的のひとつです。それと同時に，よい人間性を育てることも目的です。そのためには，当たり前のことができないことを注意するよりも，当たり前のことができたときに，ほめるようにしています。

　たとえば，ぼくにあいさつをしてくれた子どもがいたら，「あいさつをしてくれてありがとう。とってもうれしいよ。」

　ベンチに座るときに，ほかの子どもが座れるようにつめてくれる子どもがいたら，「つめてくれてありがとう。○○ちゃんも，つめてもらえて，よかったね。」

　「ありがとう」や「ごめんなさい」を言えたときには，

「よく自分の口で言えたね。えらいね」と言います。

　子どもが当たり前のことをするのは、とてもよいことです。でも、そのよいことは、当然なことだけに、おとなは見過ごしやすいものです。当たり前のことができた子どもをほめる。ほめられた子どもは、うれしいからまたする。そうすると、当たり前のことが自然に身につきます。

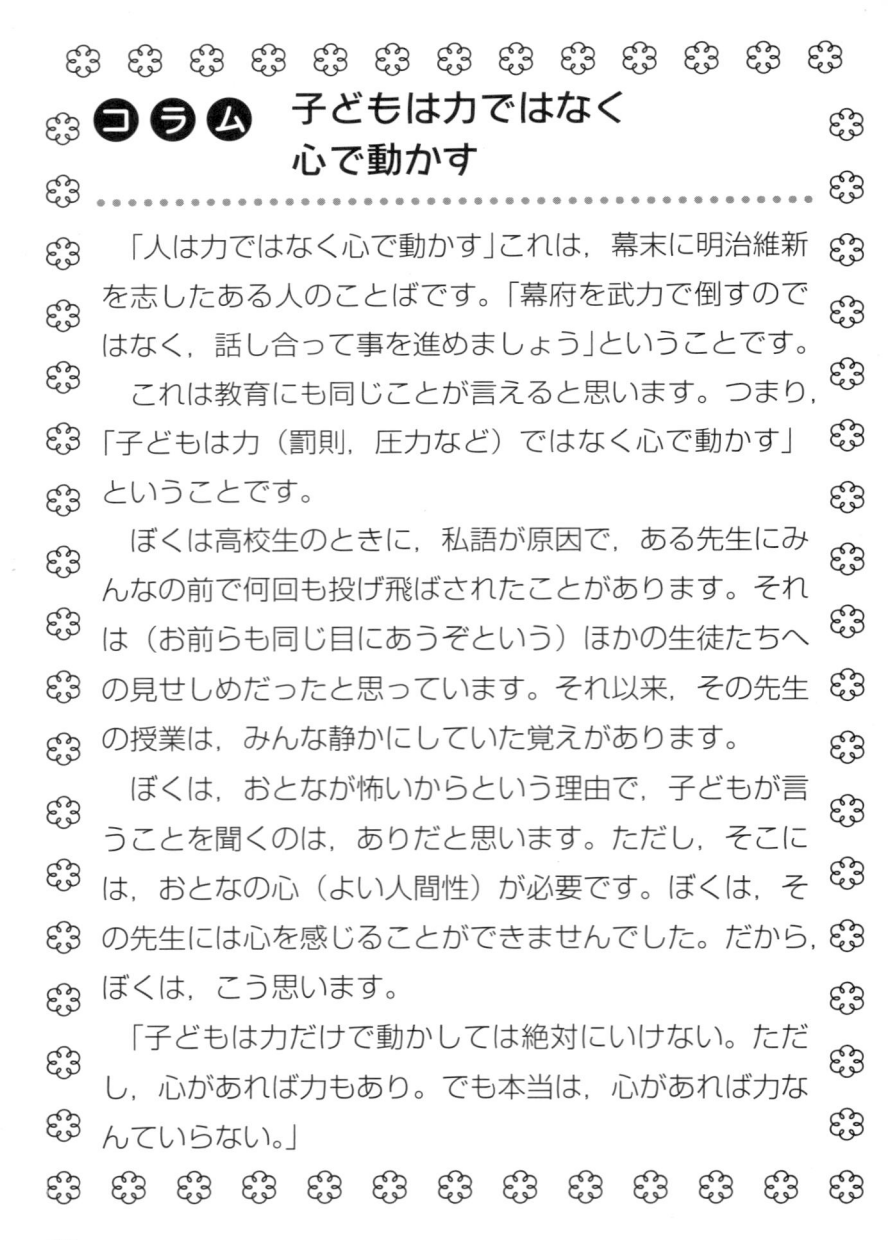

コラム 子どもは力ではなく心で動かす

　「人は力ではなく心で動かす」これは，幕末に明治維新を志したある人のことばです。「幕府を武力で倒すのではなく，話し合って事を進めましょう」ということです。

　これは教育にも同じことが言えると思います。つまり，「子どもは力（罰則，圧力など）ではなく心で動かす」ということです。

　ぼくは高校生のときに，私語が原因で，ある先生にみんなの前で何回も投げ飛ばされたことがあります。それは（お前らも同じ目にあうぞという）ほかの生徒たちへの見せしめだったと思っています。それ以来，その先生の授業は，みんな静かにしていた覚えがあります。

　ぼくは，おとなが怖いからという理由で，子どもが言うことを聞くのは，ありだと思います。ただし，そこには，おとなの心（よい人間性）が必要です。ぼくは，その先生には心を感じることができませんでした。だから，ぼくは，こう思います。

　「子どもは力だけで動かしては絶対にいけない。ただし，心があれば力もあり。でも本当は，心があれば力なんていらない。」

子どもが正しく考えることば

タトでたくさん遊びましょう

21

友達には, "おはよう"
おとなの人には, "おはようございます"

> ていねいなあいさつを
> 教えるためのことば

「おとなの人には,"おはよう"ではなく,"おはようございます"。」ぼくは,子どもに,おとなの人にあいさつをするときは,ていねいにするように教えます。なぜ

なら，人にていねいなことばを使うことは，人を思いやる気持ちにつながるからです。

　ときどき，子どもが「おはよう！」と言って，おとなが「おはようございます」と言っている光景を見かけることがあります。おとなが身を持ってあいさつのしかたを教えているのかもしれませんが，これでは，まるであべこべです。

　あいさつをていねいにするように言うと，子どもたちは，ていねいにあいさつをするようになります。ということは，おとながきちんと教えれば，子どもはきちんとできるということです。

　先日，ぼくに「おはよう！」とあいさつをしてくれた男の子に，こう言いました。「あいさつをしてくれて，どうもありがとう。友達にあいさつするときは，"おはよう"だね。でも，おとなの人にあいさつをするときは，"おはようございます"と，ていねいに言おうね。」

　あいさつをすることは気持ちのよいことです。だからこそ，子どもには，気持ちのよいあいさつのしかたを教えたいものです。

22 あいさつは、小さなプレゼント

> 自分からあいさつすることを教えることば

　これは、あいさつは自分から先にしたほうが気持ちがよいのだよ、というメッセージを込めたぼくのことばです。

　朝、子どもがぼくを見つけると、子どもたちの行動は、

①ぼくの顔を見ながら（何も言わないで）通り過ぎる，②「さいとうせんせー」と言いながら手を振る，③笑いながら，何も言わないで通り過ぎる，ほとんどがこのどれかです。なかにはあいさつをする子どももいますが，たいていの場合，あいさつをしません。

　この頃の子ども（3～5，6歳）は，まだ，子どもだからしょうがない，と思っていました。

　あるとき，ぼくにあいさつをしてくれた子どもに「あいさつをしてくれてありがとう」とお礼を言ったことがありました。すると，驚いたことに，それを聞いていたほかの子どもたちも，ぼくに，あいさつをするようになったのです。このとき，"まだ，子どもだからしょうがない"という考え方は，子どものことを考えているようで本当は考えていないんじゃないかな，と疑問を持つようになりました。

　それからは，子どもたちに，こう教えています。
「あいさつはもらうとうれしい小さなプレゼントです。だから，たくさんの人に，あいさつというプレゼントをあげてください。」

子どもが正しく考えることば

23

自分の口(くち)でしょ

> 口を閉じて静かにする
> ことを考えさせることば

　これは、担任の先生が、落ち着きのない子どもたちに言った、深い意味のあることばです。それが、「自分の口でしょ」です。その先生は、声を荒げたりはせずに、毅然と簡潔に言い放ったように、ぼくには聞こえました。

そのときの言い方と選んだそのことばには,「この人はよい先生だな」と,思わせるものがありました。

　このことばの深い意味とはこういうことです。
　人には,さまざまな欲望があります。ときとして,その欲望に翻弄（ほんろう）されて,詐欺,強盗,などの罪を犯してしまうことがあります。
　だから,そうなりそうになったときは,どうするべきかを「自分の欲望」と「自分の心」とで,相談しなければなりません。そして,本当に大切なことを考えて,結論を出します。それは,頭の上で言い争っている天使と悪魔にも似ています。

　「自分の心」とは,本当の自分です。先生に叱られるから（という理由で）静かにするのと,自分で考えて静かにするのとでは,たとえ外見は同じでも,その本質は,まったく異なるものです。
　「自分の口でしょ」という一言には,「人に叱られるから静かにするのではいけませんよ。そうではなく,本当の自分（の心）で決めて行動しなさい」という意味が込められているのだと思います。

24

無理,
できない,
つかれた

> 好ましくないことば

　この3つのことばは，体操教室をするときに，ぼくが，子どもたちに「言わないようにしよう」と教えていることばです。

　たとえば，ぼくが「なわとびを10回跳んでみよう」と言うと，なわとびが苦手な子どもはすぐに「無理」とか

「できない」と言います。そういうときには,「そのことばは,口に出さないで,心のなかにしまっておこうね」と言います。

　なぜ,ぼくがこういう約束をするかというと,体操教室の時間のなかで,子どもたちがこのことばを使うと,全体の士気が下がるからです。そして,このことを放置しておくと,士気が下がることが普通になります。体操教室は,40分という決められた時間で行うので,できるだけ士気の高いよいムードのなかで行いたいのです。

　この約束をしたあとで,わかったことですが,具体的にひとつのことばを言わないように教えると,それに類似したことばも,自然に言わなくなります。この場合は,「できない」ということばを言わないように教えたことで,「やりたくない」などの否定的なことば全般を言わなくなりました。
　「思ったことを言う」ことは,よいことでもありますが,ときにはよくないこともあります。そのよいこととよくないことの区別について,おとながきちんと考えて,子どもに教えることが必要だと思います。

25

おはなし、きいてあげて

> 自分で考えるきっかけを作ることば

　これは，ある保育園の先生が，友達の不満を口にしていた子どもに言った，とても考えさせられる，意味のあることばです。

　3歳児クラスが，昼休みに外で遊んでいるときのこと

でした。女の子2人が、その先生のところにやって来ました。そのうちのひとりの子が、「○○ちゃんは、○○だから、いけない」と、先生に不満を言い始めました。すると、もうひとりの子は、「でも、△△ちゃんだって…」と、自分の言い分を主張しました。

それを聞いた先生は、初めに不満を言った子どもにむかって、やさしくこう言いました。

「おはなし、きいてあげて。」

すると、初めに不満を言っていたその子は、黙りこんでしまいました。その表情は、不満があるというよりも、何かを考えているようでした。

このようなケースでは、おとながトラブルを解決してしまおうとすることが多いのではないでしょうか？ おとなが子どもの言い分を聞いて、結論を出す。それを、子どもに言い聞かせる。でも大切なことは、おとなが問題を解決することではなく、子どもが問題に直面して自分で考えることだと思います。

「おはなし、きいてあげて。」

もしかしたら、自分の言い分ばかり主張するおとなにも、言えることかもしれませんね。

子どもが正しく考えることば

26

どちらの勝ちだと思う？

ゲームをもっと楽しくすることば

　勝敗のあるゲームは，とても盛り上がります。でも，なかには，勝敗の理由がわからないままゲームをしている子どももいます。ある保育園で玉入れをしていたとき

にこんなことがありました。

　「ひとーつ、ふたーつ、みっつ…」玉を数え終わったときに、ぼくは子どもたちにこう聞きました。
　「どっちが勝ったと思う？」「しろー」「どうして白組の勝ちだと思うの？」「たくさんあるから」「そうだね。（玉の数が）たくさんあるほうが勝ちだね」。
　こう書いてしまうと、子どもたちは全員勝敗の理由がわかっているように思えますが、質問に答えた子どもは、せいぜい２，３人です。ですから、必ずしも全員が同じように勝敗の理由がわかっているとは限りません。

　もしも、本当に玉入れのルールを理解しているのなら、玉を数えているときに、敵の玉の数が気になるはずです。そして、数え終わったときに、喜んだり悔しがったりするはずなのです。「○○の勝ち〜」と言われたときに喜ぶだけなら、勝った意味がわからなくてもできるのです。
　こういう子どもは、全体の割合からするとごく少数かもしれません。でも、その少数の子どもたちが、勝敗の意味を理解したときに、もっともっとゲームが楽しくなります。

子どもが正しく考えることば

27 外でたくさん遊びましょう

子どもが健やかに成長するためのことば

「プロ野球選手になるには，どうしたらよいですか？」
ある子どもが，本物のプロ野球選手にこう聞きました。

「たくさん食べて,たくさん寝ることだよ。」
プロ野球選手は,こう答えました。
プロ野球の選手になるには,野球の技術よりも,健康なからだが大切ですよ,ということです。的を射た簡単明瞭な答えです。

このように,健康なからだには,よく食べることと,よく寝ることが大切です。では,どうすれば,よく食べて,よく寝ることができるのでしょう。
きっと,もう,おわかりですね。そうです。たくさんからだを動かすことです。日中に,くたくたになるまで,屋外でおもいっきりからだを動かして遊べば,おなかが空きます。また,寝つきもよくなります。だから,からだを動かすことは,とても大切なことなのです。

ある保護者の方から,「うちの子は,夜,遅くまで起きていて,なかなか眠らないんです。どうしたらよいでしょうか?」と聞かれたことがあります。
では,一緒に考えてください。よく寝るにはどうすればよいでしょうか。そうです。よく寝るには…。
きっと,もうおわかりですね。

子どもが正しく考えることば

28

戻ってくるまで，待ってるからね

子どもが自分で考えて決めることば

「転んでも，絶対に泣かない。」
ぼくは，体操教室のときに，子どもとこう約束します。

そうすることで,転んで泣いてしまう子どもの数は減ります。でも,ときには,痛さを我慢できずに泣いてしまう子どももいます。簡単に傷の手当をして,しばらくの間休ませることがあります。そんなときは,子どもにこう声をかけます。

「戻ってくるまで,待ってるからね。」

体操教室のときに,誰かが軽いけがをしてしまって休んでいるときは,なんとなく寂しいものです。けがの状況もありますが,たいしたけがでなければ,1分1秒でも早く戻ってきてほしいものです。

でも,それを決めるのは,おとなの願望ではなく,子どもの気持ちです。だったら,子どもの気持ちに届くようなことばが必要だと思います。

それを,「もう大丈夫でしょ」と言ってしまったら,子どもが自分で考えて決めるところを,おとなが奪ってしまうことになります。

おとなが決めてしまうことは簡単です。でも,大切なことは,おとなが決めることではなく,子どもが自分の気持ちと相談する時間を作ることだと思います。

29

あわて
ないでね

よい結果を生むことば

　これは,ある幼稚園の先生が,なわとびを結ぶことができない子どもに言った思いやりのあるひと言です。

　ぼくが,ある幼稚園の体操教室をしていたときのことです。その日の5歳児クラスは,なわとびをしました。子どもたちは体操が終わると,自分のなわとびを結んでから部屋に戻って行きます。そこに,たったひとりだけ,

男の子が残っていました。その子は、なわとびを結ぶことができなかったのです。

その様子を見た担任の先生は、子どもの近くに行くと、こう言いました。

「あわてないでね。ゆっくりやるのよ。」

この先生は、子どもを急がせるよりも、まず、落ち着かせてから、ていねいになわの結び方を教えていました。

もし、こういうときに、子どもを急がせたとしたら、どうなるでしょうか？ うまくできないことを、急いでやらせようとしても、できるわけがありませんね。

ぼくも、この子どもと同じような経験をしたことがあります。ある仕事に遅れてしまったときに、そこの責任者から「あわてないでいいよ。きちんと準備してからおいで」と言われたことがありました。もしも、あわてて仕事にとりかかっていたら、きっと、どこかに不備が生じていたかもしれません。

あわてそうなときにこそ、「あわてないでね」と余裕のあることばがけをする。そうすれば、きっとよい結果につながることでしょう。

子どもが正しく考えることば

30

はい，おしまい

意欲を引き出すことば

　できなかったことが，できるようになった。こうして，子どもが達成感を感じることはよいことだと思います。でも，ぼくは，子どもがあともうちょっとでできる，と

いうときに，わざと止めることがあります。なぜなら，「悔しい」と思う気持ちも必要だと思うからです。

　体操教室で年長組さんが，のぼり棒をしていたときのことでした。スルスルと上までのぼっていく子どももいれば，のぼり棒にかじりついたまま，身動きできない子どももいます。なかには，かたつむりのようなスピードで，ゆっくりとのぼる子どももいます。

　誰かが，あともうちょっとで上までたどり着こうかというときでした。ぼくは，その子どもに「はい，おしまい」と言いました。すると，その子は「え〜っ！」と，とても悔しそうな顔をしました。

　きっと，周りから見ると「あと，もうちょっとだったのに…」と思われるかもしれません。でも，「あともうちょっと」という悔しい気持ちになることはよいことだと思います。

　「あともうちょっと」という気持ちは，「今度こそ」という気持ちにつながります。悔しさはバネになります。というよりも，悔しさをバネにしてほしいのです。

　「はい，おしまい」は，ぼくのそんなメッセージです。

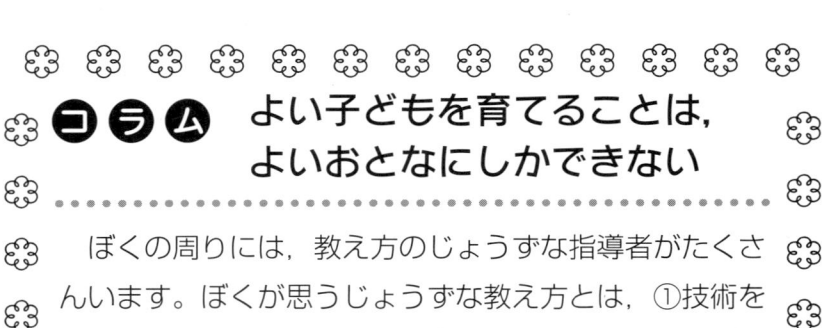

コラム　よい子どもを育てることは、よいおとなにしかできない

　ぼくの周りには，教え方のじょうずな指導者がたくさんいます。ぼくが思うじょうずな教え方とは，①技術を上達させることがじょうず，②説明のしかたがじょうず，③意欲を出さるのがじょうず，です。

　でも，こうも思います。教え方がじょうずなことと，その人がよい人間であることとは違う，と。

　先日，教え方のじょうずな人と話す機会がありました。そこで感じたのは，よい人ではなく，誇らし気な人でした。教え方がじょうずなことを人に誇るということは，自分の持ち物を他人に自慢するようなものです。そんな人がよい人だとは，どうしてもぼくには思えません。だから，ぼくはこう思います。

　もしも，教え方がじょうずなことと，その人がよい人間であることが違うのであれば，たとえ教え方がじょうずであってもよい人間は育たない。なぜなら，じょうずに教えることとよい人間を育てることは，全く別のことであるから。だから，よい子どもを育てることは，よいおとなにしかできない。

子どものからだが
自然に動く
ことば

手で後ろに
押すように

31

50歩で
戻って
おいで

危険を防止することば

　これは,『子どもを動かす魔法のゲーム31』でも紹介したお話です。あるスイミングスクールで,プールサイドを走る子どもに先生が言った一言です。

子どもたちがバタ足の練習をしているときのことでした。プールの端から端まで泳いだら，一度プールからあがります。そして，プールサイドを歩いて戻って，同じことを繰り返します。ところが，プールからあがった子どもたちは，かけっこでもするかのように，プールサイドを走っていました。

　そこで先生が，子どもたちに言ったことばが，「（プールからあがったら）50歩数えて戻っておいで」でした。
　すると，驚いたことに，さっきまでプールサイドを走っていた子どもたちは，歩数を数えながら歩くことで，自然に走らなくなったのでした。

　こういう場合，おとなが子どもに注意することばは，「走っちゃダメだよ」とか「静かに歩きなさい」が，多いと思います。それは，決して，間違いではありませんし，きちんと注意すべきことでもあります。
　でも，おとなが子どもにむかって，何かをやめさせようとするときに，直接禁止するやり方以外にも，結果的にそのことを自然に止めるようなことばがけもあることを教えられた気がします。

子どものからだが自然に動くことば

32 バラバラ一列, あか・しろ一列

子どもを素早く整列させることば

　これは，ある幼稚園で，実際に行っている並び方の名前です。「バラバラ一列」とは，先に来た人から順番に並ぶという意味で，順番が決まっていない（バラバラ）

という意味です。「あか・しろ一列」とは、その名のとおり、あらかじめ分けられたあか組としろ組に分かれて、それぞれ一列に並ぶという意味です。

　この並び方のよいところは、あらかじめ2種類の並び方を子どもたちに教えておくことで、先生が、その場の状況にあわせて並び方を選択できるということです。
　たとえば、遠足や園外散歩など、歩道を歩くときなどには「バラバラ一列」、運動会や卒園式などの行事のときには「あか・しろ一列」といったようにです。

　このように、ふだんから、状況にあわせて並ぶ習慣をつけておくと、時間を節約することができます。1日1回並ぶとして、1回並ぶのに1分短縮すると、月曜日から土曜日までで6分、1ヵ月で約30分、1年間では約6時間もの短縮になります。
　よく幼稚園や保育園の先生方から、「忙しくてなかなかやりたいことができない」という話を聞きます。そんなときこそ、ふだん何気なく過ごしている1分1秒を大切にすることが、時間の余裕を生むことにつながります。
　塵(ちり)も積もれば山となる、ですね。

子どものからだが自然に動くことば

33

遠くへ逃げる

ドッヂボールがうまくなることば

　初めてドッヂボールをする子どもたちにとって，ドッヂボールのルールを覚えることは，なかなか難しいもの

です。以前，体操教室で，こんなことがありました。

　年長組が初めてドッヂボールのゲームをしたときのことです。誰かがボールをぶつけようとすると，2，3人の子どもが逃げようとせずに，ボールのすぐそばに立ったままなのです。その理由は，①とにかくボールにさわりたいから，②わざとボールにぶつかりたいから，です。

　言い換えると，自分がボールにぶつかるのがいけないことだとは思っていない，つまり，ドッヂボールのもともとのルールを理解していないのです。

　こういうときには，ドッヂボールを，始めから，ゆっくりとていねいに教える必要があります。まず，「ボールをぶつけられたら負けてしまう」ことを確認します。そうしたら「どうしたらボールにぶつからないか」を子どもたちに考えさせます。すると「（遠くに）逃げたほうがよい」ことがわかります。

　あとは，子どもたちが間違えそうになったときに，このことを確認します。「そこにいても大丈夫？」「どうしたらいい？」と。このように，自分で考えて，遠くに逃げることができるようになると，ドッヂボールはうまくなります。

子どものからだが自然に動くことば

34 大きなたまごがパチンと割れて

鬼ごっこが楽しくなることば

　ぼくの周りには，素晴らしい体操の先生がたくさんいます。その素晴らしい先生のうちのひとりに，これまでに見たことのないような，とても変わった鬼ごっこをす

る先生がいます。その鬼ごっこのやり方は…。

　「大きなたまごが」と言いながら，両手で大きな丸を描きます。次に，「パチンと割れて」と言いながら，手を1回パチンとたたきます。そして，「なかから……」と言ったあとに，体操の先生が，いろいろなキャラクターに変身して登場するのです。
　たとえば，子どもをつかまえたら，からだをくすぐる「コチョコチョ鬼」。おしりをペンペンする「おしりペンペン鬼」。
　それに，おいしいパン屋さんやお菓子屋さん，ほかにも，ここでは書けませんが，ちょっと下品なキャラクターもありました（でも，このキャラクターが子どもに一番ウケていました）。

　子どもにとっては，たまごから何が出てくるのか，興味津々です。しかも，鬼から逃げるのか，パンやお菓子をもらいにいくのか，子どもは，瞬時に判断しなければなりません。
　「大きなたまごがパチンと割れて，なかから……」
　ねっ，おもしろそうでしょ。

35

チャチャチャ，オー！

元気が出ることば

　これは，体操教室を始めるときに，子どもたち全員で言うかけ声です。やり方は，「チャチャチャ」と言いながら，3回手をたたきます。そのあとに，こぶしを振り

上げながら,「オー!」です。「エイエイオー」のような
イメージです。アントニオ猪木の「いーち,にーい,さ
ーん,ダー!」に,似てなくもありません。

　このことばのすごいところは,子どものかけ声にぴっ
たりだと(自分で勝手に思っている)いうことです。ぼ
くが,初めてこのかけ声を見たときに,子どもの雰囲気
にとてもぴったりだったので,それからまねをして使う
ようになりました。それから20年以上たった今も,この
かけ声を使い続けています。

　ほかにも,もっとよいかけ声はないかといろいろ試し
てみたのですが,やっぱりこれが一番でした。
　今は,体操を始めるときだけでなく,ドッヂボールを
始めるとき,かけっこを始めるとき,鬼ごっこを始める
とき,とび箱を跳ぶ前など,士気を高めるために,いろ
いろな場面で有効活用しています。
　クラスにひとつ,お決まりのかけ声があると便利なも
のです。「よしっ!　やるぞっ」と気合いを入れたいと
きには,魔法のかけ声「チャチャチャ・オー!」。
　なんて,いかがでしょうか?

子どものからだが自然に動くことば

36

ドリルで グリグリ

足首をうまく動かすためのことば

　これは、ある体操の先生が、準備体操のときに子どもに言ったとてもじょうずな表現です。

　「ドリルでグリグリ」とはどんな運動かわかりますか。それは足首を回す運動です。足首を回すとは、つま先を

地面につけたままかかとをあげて、そのままかかとを、円を描くように回す動きです。よく短距離の選手が、スタートの直前にするあの動きです。

　この動きは、おとながやれば簡単ですが、まだ、発育過程にある3～5，6歳の子どもにとっては、難しいものです。実際に、子どもたちにやらせてみるとわかります。
　ところが、この体操の先生のように「（足を）ドリルでグリグリして」と言うと、子どもたちはできるようになります。できるかどうかは、説明のしかた次第だということです。

　つまり、子どもにとっては、足首を回す、という動作よりも、表現が難しいのです。私たちが、専門家に専門用語を言われてわからないのと同じように、子どもが、おとなに一般的な表現をされても、わからないことがあります。
　子どもに体操を指導するときの基本は、「ゆっくりと、子どもにあわせて、ていねいに」と、教えられました。
　ことばの基本もこれと同じですね。

37

おへそを見ながら

前転がうまくなることば

前転（でんぐり返し）が，うまくできない子どもの多くは，まっすぐに回転することができずに，曲がってしまいます。その理由は，両手をついたあとに，頭がしっ

かりとなかに入っていない（あごを引いていない）ことが大きな原因です。だから，こういう場合は，あごを引くようなことばを子どもにかけてあげればうまくいきます。

　このことを，ゆっくりと，ていねいに，説明すると次のようになります。
（マットの上で）
「足をトンネルにして（足を開いて）」
「足の前に手をついて」
「おへそをのぞいて」（あごを引くことば）
「そのまま，回って」
ゴロン…

ちなみに，「おへそをのぞいて」のかわりに，「トンネルをのぞいて」「トンネルのなかに頭を入れて」など，あごを引くことがでることばがけなら，なんでもOKです。
　それでもうまくいかないときは，おとなが，子どもの後頭部を手で押しながら回転するようにするとよいでしょう。

子どものからだが自然に動くことば

38 どんどん回して

なわとびがうまくなることば

「失敗しても大丈夫,どんどん回そうね。」
　子どもたちが,初めて自分でなわとびを跳ぶときに,ぼくは,こう言います。なぜなら,どんなにおとなが見本を見せて教えるよりも,自分でなわをたくさん回すこ

とが，上達の秘訣だからです。「習うより，慣れろ」，まさに，このことばのとおりです。

　イギリスのある小学校では，子どもに卓球を教えるのに，何も教えずにいきなりやらせる，という話を聞いたことがあります。何も知らない子どもたちは，初めはラケットの持ち方が違ったり，球を打ってもなかなかまっすぐに飛ばないそうです。でも，やっているうちに，コツを覚えて，最後には，ラリーができるまでに上達するといいます。

　プロ野球でも，「教えないコーチは名コーチ」ということばがあるそうです。教えすぎることで，かえって選手がダメになるとさえ言われているそうです。

　同じように「教えない先生は，よい先生」かどうかはわかりませんが，子どもに教えすぎる先生は，多いように思います。きっと，じょうずに教えることがよい先生である，というイメージがあるのではないでしょうか。

　でも，じょうずに教える技術のひとつに，教えずに，子どもに自分でやる機会を多く与えて，じっと見守る，というやり方も，ありだと思います。

子どものからだが自然に動くことば

39

手で後ろに押すように

とび箱がうまく跳べるようになることば

　これは、とび箱をうまく跳ぶためのことばのかけ方です。

とび箱を跳ぶときに、よく見かける失敗例は、とび箱の上に座ってしまうことです。これは、手をついたあとに、からだが前にいかないことが原因です。からだが前にいかないので、どうしてもとび箱を跳び越すことができません。

　こういう子どもには、「手で後ろに押すように」と、ことばをかけるとよいでしょう。
　とび箱を手で後ろに押すようにすることで、自然にからだが前にいくようになります。跳び越すというよりも、手で後ろに押したら自然に体が前に出る、というイメージです。

　それでもうまくできないときは、とび箱の高さを、子どものおへそくらいの高さにしてあげるとよいでしょう。とび箱の高さを子どもの背の高さにあわせることで、さらに跳び越しやすくなります。
　とび箱の高さは、子どもの背にあわせた高さで、跳ぶときは、手で後ろに押すようにして跳ぶ。
　この2つのことが、とび箱をうまく跳ぶときのポイントです。

40

下に置いて
やって
ごらん

なわとびを簡単に結ぶ
ことを教えることば

　体操教室では，4歳になると，自分でなわとびを回して跳ぶことを教えます。それと同時に，なわとびの結び

方（あとかたづけのやり方）も教えます。

　初めて，なわとびを結ぶ子どもたちは，なかなかうまくできません。その原因は，輪を作ってから，なわとびの端を輪のなかに入れるときに，輪の形が崩れてしまうからです。輪が崩れるのは，なわを結ぶときに一度，どちらかの手をなわから離さないといけないからです。

　やってみるとわかりますが，最初から最後まで，なわから手を離さずに結ぶことはできません。このなわから手を離したときに，輪の形が崩れてしまうのです。
　そういうときには，なわを結ぶ前にこう言います。
「なわとびを，下に置いてやってごらん。」

　そうすることで，手を離しても，輪の形は崩れませんから，より簡単に結ぶことができます。
　ぼくの経験では，4歳の子どもであれば，初めは結ぶことができなくても，繰り返してやっているうちに，ほとんどの子どもができるようになります。
　そのポイントは，まず，きちんと輪の形を作ること。そして，輪を崩さないように，なわとびを下（床，地面，机の上など）に置いてやってみることです。

子どものからだが自然に動くことば

おわりに
　——神秘のことばに「ありがとうございました」

　ぼくは，これまで，まだ誰にも聞いたことがない疑問があります。ちなみに，いくら考えても，ぼくには，まだその答えはわかりません。でも，なんだか，そのことを考えているだけで，ワクワクします。たぶん，答えを見つけることよりも，答えを考えているほうが楽しいのです。

　その疑問とは，「勇気」は，なぜ「勇気」と呼ぶのだろう，ということです。これは，勇気に限らず，愛，やさしさ，美しさ，など，形のないすべてのことばについても同じです。
　たとえば，石には石という名前があります。それは，初めに，石というものがあって，石という名前がつけられたのだろうと想像できます。木や山や海や雲や太陽も，きっと同じなのだろうな，と思います。なぜなら，それ

らは，目に見えるからです。

　ところが，「勇気」はどうでしょう。勇気というものはありません。目で見ることもふれることもできません。なのに，「勇気」はあります。"ない"のに"ある"。"ある"のに"ない"。そう考えてみると，なんだか，とても不思議な気持ちになります。不思議なことはまだあります。

　たとえば，大昔，まだ勇気ということばがなかったとします。その時代に，勇気のある人物がいたとします。でも，勇気ということばがないのだから，この人のことを，勇気のある人だ，とは表現できません。でも，表現できなくても，勇気そのものはあります。
　この勇気そのものは，なぜ勇気ということばで呼ばれるようになったのでしょうか？　どんなに考えてもわかりません。

　でも，ぼくは，ひそかにこう思っています。勇気は勇気として，初めからあったんだって。勇気そのものも，勇気ということばも，初めからあったんだって。愛も，

やさしさも，美しさも，すべて，初めからあったんだって。そうすると，すべてが納得できます。

　きっと，聖書にある「はじめにことばありき」って，そういうことなんじゃないかって，勝手に考えて楽しんでいます。

　この本のテーマは，"ことば"でした。この本を書くことができるのも，ことばがあるからです。思うことができるのも，考えることができるのも，ことばのおかげです。

　そんな神秘のことばに，感謝の気持ちを込めて，お礼を申し上げます。

　「いつも，ありがとうございます。そして，これからも，どうぞよろしくお願いします。」

　　平成21年3月

斎藤道雄

事業案内 **クオリティ・オブ・ライフ・ラボラトリー**

　現在，次のような仕事をお請けしています。仕事に関するご依頼，ご相談は，お気軽にお問い合わせください。

★連絡先は次ページにございます。

お請けしている仕事の内容

①体操講師派遣（幼稚園，保育園，介護施設ほか）
②講演活動（全国各地へうかがいます）
③人材育成（幼稚園教諭，保育士，介護職員ほか）
④執筆（からだを使う遊びやゲームをテーマとしたもの）

講演，執筆テーマ

①子どもが大好きなからだを使った遊びやゲーム
②遊びやゲームをクラスづくりにじょうずに活用する方法
③子どもが納得するじょうずな話し方
④子どもが自立する教え方
　ほか，運動，遊び，ゲーム，運動会，野外活動（遠足，お泊まり保育など）をテーマにしたもの

　「氏名」「連絡先」「ご依頼内容」を明記の上，ファックスまたは，メールにてお問い合わせください。

著者紹介

●斎藤道雄

1965年福島県生まれ。
国士舘大学体育学部卒業。(株)ワイルドスポーツクラブ(おもに幼児体育指導者を派遣する)を経て,1997年健康維持増進研究会設立。2007年クオリティー・オブ・ライフ・ラボラトリー(QOL.LAB)に改名。

おもな著書　『3・4・5歳児の考える力を楽しく育てる簡単ゲーム 37』『0～5歳児の運動する力を楽しく育てる簡単あそび 47』『幼稚園・保育園のかならず成功する運動会の種目 60』『幼稚園・保育園の子どものこころとからだを動かすすごい教え方 50』『子どもを動かす魔法のゲーム31』『魔法の体育指導法 60』(黎明書房)ほか多数。

おもな契約先　セントケアホールディングス株式会社,早稲田速記医療福祉専門学校,東京スポーツレクリエーション専門学校,有料老人ホーム敬老園,ほか多数。

【クオリティー・オブ・ライフ・ラボラトリー連絡先】
メール：info@michio-saitoh.com
ファックス：03-3302-7955
ホームページ：http://www.michio-saitoh.com

＊イラスト：伊東美貴

こう言えば子どもがじょうずにできる魔法のことば40

2009年7月10日　初版発行
2014年4月30日　3刷発行

　　著　　者　　斎　藤　道　雄
　　発　行　者　　武　馬　久　仁　裕
　　印　　刷　　藤原印刷株式会社
　　製　　本　　協栄製本工業株式会社

　　発　行　所　　株式会社　黎　明　書　房

〒460-0002 名古屋市中区丸の内3-6-27　EBSビル　☎052-962-3045
　　　　　　　　　振替・00880-1-59001　FAX052-951-9065
〒101-0047 東京連絡所・千代田区内神田1-4-9　松苗ビル4階
　　　　　　　　　　　　　　　　　　　　　　☎03-3268-3470

落丁・乱丁本はお取替します。　　　　　　　　ISBN978-4-654-00252-8
Ⓒ M. Saito 2009, Printed in Japan

斎藤道雄著　B6判・93頁　1200円
子どもを動かす魔法のゲーム31
黎明ポケットシリーズ①　付・じょうずに子どもを動かす10のヒント　子どもたちの興味をひきつけるゲームを使って，おかたづけや順番に並ぶことができるようになる方法。

幼稚園・保育園の子どもの　　斎藤道雄著　A5判・110頁　1800円
こころとからだを動かす すごい教え方50
道徳やマナーのわかりやすい教え方，運動や遊びを上達させる教え方，子どもたちの安全を守る方法など，ものごとの本質を考えた，効果的な説明・指導の仕方を具体的に紹介。

幼稚園・保育園の　　　　　　斎藤道雄著　A5判・109頁　1800円
かならず成功する運動会の種目60
付・見栄えをよくするための17のヒント　運動会の演技が，どうも見栄えがしないという悩みを解消するヒント集。種目の選び方，子どもの並ばせ方，練習方法など，コツを満載。

3・4・5歳児の　　　　　　　斎藤道雄著　A5判・97頁　1700円
考える力を楽しく育てる簡単ゲーム37
子育て支援シリーズ⑧　子どもたちの考える力（観察力・判断力・集中力など）を楽しくのばすゲーム37種を，かわいいイラストとともに紹介。巨大迷路／相談ジャンケン／他。

斎藤道雄著　B6判・95頁　1200円
魔法の体育指導法60──とび箱・なわとび・鉄棒・マット・ボール・平均台・集団あそび
黎明ポケットシリーズ③　「とび箱を跳ぶときのちょうどよい高さ」「逆上がりの補助のし方」など，子どもたちが無理なく運動ができるようになる指導のポイントをわかりやすく紹介。

表示価格は本体価格です。別途消費税がかかります。

皆川尚子・斎藤道雄著　A5判・94頁　1600円

0〜3歳児の
子どもも親も笑顔になるゲーム39

子育て支援シリーズ⑦　道具なしでできるゲームや，新聞紙・縄・タオル・ボールなど，身近なものをつかった，親子で一緒にからだを動かして楽しめるゲーム39種。飛び石渡り／他。

グループこんぺいと編著　A5判・93頁　1600円

こんな日，こんなときのちょこっと製作あそびBEST22

幼稚園・保育園　クラス担任のアイディア①　「いも掘り」や「運動会」「急に時間があいたとき」や，子どもの「元気がないとき」「落ち着きがないとき」などに使える製作あそび。

グループこんぺいと編著　A5判・93頁　1600円

0〜5歳児の
おもいっきり楽しめるコーナーあそび38

幼稚園・保育園　クラス担任のアイディア②　付・延長保育に使える異年齢児のコーナーあそび　園に来るのが楽しみになる「レストランごっこ」など38種の作り方，あそび方。

原作・豊田君夫　構成・グループこんぺいと　A5判・94頁　1545円

マンガでわかる保育の禁句・保育の名句

「いつまでぐずぐずしているの」「早く，あやまりなさい」など，子どもを傷つけ，成長を阻害する，保育実践で使われがちな禁句を，事例を交え詳述する。適切な言葉かけも併録。

丸山尚子編著　A5判・248頁　3000円

子どもの生きる力は手で育つ

人間らしく生きることを担う，手の発達や役割，手を育てる保育や子育てなどを，40年余りの研究成果をもとに詳述。手に関する実験データを多数掲載。

表示価格は本体価格です。別途消費税がかかります。